내 마음속 시

국립중앙도서관 출판시도서목록(CIP)

내 마음 속 시 / 글쓴이: 이상훈. -- 개정판. -- 서울 : 북랜드, 2019
p.128 ; 13 × 21 cm

ISBN 978-89-7787-829-7 03810 : ₩8000

한국 현대시[韓國現代詩]

811.7-KDC6
895.715-DDC23 CIP2019002095

이상훈 시집

내 마음속 시

북랜드

차례

001

마음 안 고백

하루하루를 더해갈수록
마음은 무거워만 가네요.

마지못해 또 그렇게 난
그녀에게 빈말을 보냅니다.

지금 터놓으면 행복했던
시간들이 한순간에 잃어버릴 것
같아 불안하네요.

어디 가지 않을까!
한시라도 눈을 떼고 싶지 않아요.

아직은 말이죠!
이런 내가 싫지 않거든요.

그녀는 이런 내 마음 알까요?

하늘 아래 두 명만이 존재한다면
그녀와 나이고 싶습니다.
꼭 그래 주실 거죠. 하느님!

002

산

산을 타고 있노라면
인생의 돌림길같이
오르락내리락합니다.

문득 행복하고 슬펐던 일들이
희비를 교차하네요.
그렇게 난 이를 악물고 더딘 걸음을 합니다.

산을 보고 있노라면,
소망이 담긴 정산을 손으로
슬며시 움켜줘 봅니다.
내 안에는 그런 부푼 꿈들이
가득하고 그렇게 난 힘찬
도약을 위해 꿈을 흘립니다.

힘들 때 자연을 비추어
편안함을 느끼고
방황할 때 굳게 버틴 산을 우러러
꿈을 좇으렵니다.

산을 벗 삼아 새롭게 시작하는 그날까지…

003

단풍이 물들 때면

단풍이 물들 때면
난 빨간 옷을 입어요.

노랑이가 아닌 날 보러오는
님들을 위해 불긋하게

단풍이 물들 때면
난 노란 옷을 입어요.

빨강이가 아닌 날 보러오는
님들을 위해 울긋하게

이처럼 가을이 올 때면
티격태격

우린 그렇게 울긋불긋
단풍이 되어 갑니다.

004

여우비

분통해 몇 날을 가슴 미어지도록
다그쳤건만
원통해 몇 날을 애간장이 타도록
이를 악물었건만

햇님이 나를 반기니 사랑했기에
웃으며 보냈던 내가 헤퍼 보입니다.

햇님 감싸 안아주실래요?

함께 했던 나날들과
즐거울 수밖에 없었던 그 순간들이
이제는 쓸쓸해졌건만

비님이 나를 반기니
마음속 무너져내린
눈물이 벅차오릅니다.

비님 저 울어도 될까요?

만감을 교차하는 어느덧
햇님과 비님이
나를 반기니 그날
그렇게 여우비는 내립니다.

여우비 품 안에서
잠이든 나의 아로하에서…

005

사랑에게도 감정이 있다

하나, 이랬다저랬다 하는 파랑주의보 사랑!
하나, 늘 함께 있어 기쁜 기쁨 사랑!
하나, 눈물져 여위어 슬픈 슬픔 사랑!
하나, 미워한대도 끝까지 날 바라봐주는 바보 사랑!
하나, 늘 웃게 해주어 즐거운 행복 사랑!
하나, 힘들 때 힘이 되어 주고 길잡이가 되어주는 참사랑!
하나, 죽어서도 잊지 말자는 영원 사랑!

이렇게 천차만별인 사랑에게도 감정이 있다.

006

오고 간 마음

오너라.
나 널 기다릴지니 여울진
마음 소스라칩니다.

잊어 잊어오거든
내 맘 한편에 눈물이 고입니다.

가거라.
나 널 떨칠지니 힘겨운
마음 소스라칩니다.

잊어 잊어가거든
눈물이 한가득 넘쳐 흐릅니다.

오너라. 마음아.
가거라. 마음아.
잊어도 오고 가고
눈물로 마음을 훔칩니다.

007

겨울이 오면

겨울이 오면
나 월동 준비를 합니다.

오직 그녀를 위해 만든
늑대 목도리 하나

겨울이 오면
나 새하얀 눈꽃 세상을 만듭니다.

그녀가 해맑게 웃고 있는
모습이 내겐 또 없는 행복 하나

겨울이 오면
나 잠 못 이룹니다.

기나긴 밤 그녀를 볼 생각에
뜬눈으로 지새운 것 하나

겨울이 오면
그녀와 같이 행복에 겨운
나날이고 싶어라.

008

밤

밤이 올 때면 어둠이
기울어져 오네요.

빛을 밝히어도
아랑곳하지 않는 밤

외로워라 밤이
아무도 없을 것 같은
그 칠흑 같은 어둠 속

춥고 삭막한 기운조차도
삼켜 버릴 듯
그렇게 밤은 깊어만 가네요.

009

사랑하기 전까진

내 눈은 까탈스럽고
애매하기만 합니다.

씻어도 보고 울어도 보고
만져도 보아도
영 석연치 않은 석연함.

그러기를 미루어보아
안경이 내 눈을 보호해주니

사랑에 눈이 멀어짐을 덜하고
사랑에 눈이 아파함을 덜하니

안경을 곁에 둘까 합니다.

사랑하기 전까진 말이죠

010

고마워 고마워

얼마 되지 않았지만
인연이 짙어 오네요.

잦은 속삼임에 문득
잠이 깨어난 듯 주위를 살펴요.

관심에서 우러나오는 배려에
청순한 이미지가 절 반기네요.

힘들 때 찾아주고
행복할 때 반겨주네요.

고마운 마음 기리고자
고맙단 말 고마운 마음 전해요.

고마워요 곱디고운 사람아!

011

그녀와의 기념

그녀를 처음 본 순간
시작된 기념

어슴프레 말 걸어 친해지기까지
흘러간 무수한 기념

이제는 갈수록
타들어 가는 속 내음만 늘어
술 한잔에 그녀 바라보는
빈 수레 속 기념

언제 그녀가 내 맘을 알아줄까
난 또 그렇게 얼렁뚱땅
넘어가는 기념

그녀의 마음을 찾아가는 기념은
끝자락 어디쯤 있을까!

012

운명

내가 존재한다는 건
언젠가 사라져야 한다는 운명

운명은 어디에선가 문득 다가와
멍울을 놓아 훔치는 시련

혹, 노력해서 되지 않을까
짐짓 다짐을 하건만
짧아져만 보이는 운명

째깍째깍 숨 죽여 돌아가는 시계
소리마저도 저울질하는 운명

그렇게 소리 없이 와
존재한다는 걸 무색하게
사라져가는 운명이어라.

013

연인

하늘이 내려주었기에
우린 사랑을 나눕니다.

인연으로서 빚어진 사랑이 아닌
우리 단둘을 위해
꼭 맞춰진 사랑입니다.

즐거울 땐 같이 나누고 싶고
없을 땐 너무나 보고 싶은
나의 연인이여!

사랑이란 두 글자에
떳떳하길
하늘 아래 부끄럽지 않은
연인이기를 나의 연인에게 고하노라.

구슬 사랑

구슬처럼 동글했으면 합니다.

사랑이 걸릴 곳 없이 굴러가고
어디에서나 보아도 한결같이 동그라니깐

구슬처럼 투명했으면 합니다.

사랑이 멍들고 지친 마음을 달래주고
사랑만큼은 누구에게나 투명하니깐

구슬처럼 사랑이 사랑처럼 구슬이
서로 주고받는 사랑이었으면 합니다.

015

행복의 잣대

행복이 깃든 설렘은
어디에 숨어 있나요.

가진 것 없지만 맘은 두둑한 명예

이룬 건 없지만 부유한 재산

명예도 재산도 행복만큼은
없다 하네요.

이루지도 못하는 허영심 많은
꿈을 떨치고 행복을 숨 쉬어 보네요.

내 안 가득 설렘을 숨쉴 수
있는 그날이 행복을 가득 안은
나날이 아닐까 합니다.

016

달리자! 기차야!

이른 아침 기차의 정적에
눈을 비벼 봅니다.

왠지 모를 동질감이 흐른 걸까
내 마음 한 곳은
붕 떠오릅니다.

난 웅크린 몸을
기차는 꺼져 있는 엔진을
열어봅니다.

이상을 위해 달리고
끝없는 곳을 달리고 싶은
우리의 로망

해질 노을 저녁 들세라
우리 같이 달리자! 기차야!
로망 저편으로…

017

아파도 아픈 게 아닌

몸이 아파서 아픕니다.
욱신거리고 결린 내 몸
살아있단 소릴 더 없이
못 할 정도로 울립니다.

마음이 아파서 아픕니다.
차갑고 슬픈 내 마음
살아있단 숨소리조차도
쓰디쓴 눈물로 훔칩니다.

가슴이 미어지도록
아픈 게 여물고
아픈 게 번지며
무감각해지는 아픔

웃어도 웃는 게 아닌
울어도 우는 게 아닌
아픔인가 봅니다.

고향길

처음도 끝도 아닌
내 마음속 꿈길

화려하게 치장된 길을 걷자니
내 발 감촉이 더뎌 옵니다.

엄마 손잡고 함께 걸었던
친구와 함께 놀았던 꿈길

청사진 속 그때 그 길이
아득히 아려옵니다.

019

반쪽사랑

반씩,
우린 그렇게 시작했습니다.

반씩,
시간을 내어 처음 만나서

반씩,
함께 해왔던 기쁨들이 꽃의 향연을 띄웁니다.

반쯤,
알고 보니 서로 사랑했었고

반쯤,
다가가 당신의 사랑을 확인했습니다.

사랑은 하나가 아니라 반쪽과
반쪽이 이뤄낸 사랑이 아닐까 합니다.

020

자아도취

산들바람 불어온들
이내 마음 가실 없고

풍류 속에 찌들어진
개살구는 맛만 좋다

치마폭에 감싸진들
이내 마음 가실 없고

풍경 속의 미망인은
눈요기만 흘리더라

흘러흘러 다니거든
흘러흘러 오려무나

021

풍선처럼

나의 마음이여 풍선만 같아라!

저 푸른 하늘만큼이나
두둥실 떠올라 높이 날게

나의 마음이여 풍선만 같아라!

깨끗한 물만큼이나
투명해져 아름답게

마음처럼 풍선이
풍선처럼 마음이 서로 한결같아라.

022

담배 한 모금

내 인생의 끝자락에선
무수한 고뇌만이 남는다.

과거에서 후회스러운 모습들이
죄다 날 짓이겨 울부짖는다.

남은 건 담배 한 모금

현실에서 피폐해지고 안주하지
못하는 모습들이 미어져 온다.

남은 건 담배 한 모금

미래에서 걱정스러운
모습들이 날 억누른다.

남은 건 담배 한 모금

담배 한 모금의 보금자리는 어디에…

023

우연이 가져온 인연

하루 종일 아니 매번 그 자리에
맴돌곤 돌연 변화는 갑작스레
찾아와 날 움직이려 한다.

하나, 내 운명 속에 찾아와 우연히 만난 그 남자

하나, 내 운명 속에 찾아와 우연히 알게 된 그 남자 이름

하나, 내 운명 속에 찾아와 우연히 느낀 그 남자 속마음

우연이 세 번 찾아오면 인연이라 했던가
그렇게 찾아온 인연으로 연인이 된
그 남자 그 여자 이야기!

024

예술 인생

예술을 머금은 인생은
물감과 같은 존재

거 들여다본 빨간 인생은
강하고 의리 있는 터프한 인생

거 들여다본 노란 인생은
부드럽고 매너 있는 심플한 인생

거 들여다본 파란 인생은
시원하고 매혹 있는 샤프한 인생

예술은 인생을 돋보이고
인생은 예술을 동여매고 살란다.

025

밥솥을 보고 문득

옛날 시골의 가마솥에서
찌어진 하얀 쌀밥이 생각납니다.

지글보글 뜨거워 들썩일 때면
돌덩이 떡하니 얹어 누르고
열을 식히던 그 모습

오늘날은 질세라
버튼 하나 누름 뚝딱이니
가히 천하제일입니다.

티격태격 세상살이 편해져
부귀영화 누리되

피와 땀이 섞인
우리 농부들의 심지는
그 어떤 것과 비교도 안 될
희대의 찬사를 남깁니다.

돈은 있고 없는 종이에
불과하지만 쌀은 우리를
지탱해주는 피와 살이 될지어니.

026

출세에 눈이 멀어

가진 건 없지만 행복한
나날을 보냈던 그땐
세상이 아름다웠습니다.

새들도 나무도 사람들도

이름에 먹칠을 하는 순간
눈이 멀어져 갔습니다.

처음엔 눈이 나빠져
안경 쓰고 그럭저럭 버틴 그 찰나

시일이 흘러흘러 그것마저도
무색하게 멀어져 가는 두 눈
깨달은 순간 이미 늦어버린 찰나

찰나의 순간 우리는 망설여야 합니다.

아름다웠던 그 시절을 잊지 않으려면 말입니다.

027

오류 속 멍청한 나

멍청한 나는
오류를 끄집고 삽니다.

머리에 온통 그녀 생각에
생긴 일편단심 오류

그녀를 보고 차마 마주치지
못해 생긴 부끄럼증 오류

그녀의 대답에
더듬어 생긴 답답한 오류

그녀의 앳된
웃음을 보고 생긴 행복한 오류

오류를 겪어 멍청해진 삶 속에
전혀 오류를 찾아보지도 듣지도 못하는 나
그런 내가 그녀를 좋아하는 것이
오류라면 오류고 그녀가 날
좋아할 수 있는 것도 오류이니
멍청한 나이기에 오류를 범하지 않을까 합니다.

028

문득 너를 보면

내가 알 수 없는 수수께끼를
느낄 때면 문득 너를 본다.

내가 웃고 있을 때
문득 너를 보면
넌 슬퍼하고 있나니
웃어도 웃는 게 아닌

내가 슬퍼하고 있을 때
문득 너를 보면
넌 웃음 짓고 있나니
슬퍼도 슬픈 게 아닌

아직은 알 수 없지만
문득 너를 보면
너와 나 사이 공존하는 걸 느끼어 본다.

그 수수께끼가 풀릴
알 수 없는 무언가를 위해
문득 너를 보면서…

029

절대 진리적 사랑은 없다

사랑이 절대 진리적이기까지
무수한 행복과 슬픔들이
교차한 지금 사랑은
사랑일 수 없다, 라고 단정한다.

서로 간에 만나면서 이룩해
가는 게 사랑이 아닐까!

사랑이라고 말할 순 없지만
좋은 감정을 느끼고 있는 게
바로 사랑이 아닐까!
단 하나의 의미를 가지는 게
절대 진리이니만큼
사랑은 뭐라고 단정 지을 수 없다.

사랑을 알게 된다면
행복한 사랑만을 바라지 말며
사랑을 알게 된다면
슬픈 사랑만을 생각지 말라.

사랑은 언제나
파랑주의보 같은 것

사랑이라고 단정 짓기에는
사랑이란 단어가 한없이
아름답고 슬프기만 하다.

030

힘들 땐

무작정 달리고 싶다.
내가 무슨 생각을 하는지
생각날 때까지

맘 편히 쉬고 싶다.
정적을 깨지 않는
심장 소리가 들릴 때까지

갈수록 무거워져만 가는 눈꺼풀
갈수록 늘어만 가는 잠
갈수록 알 수 없는 불길 속으로
빠져드는 마음

진정 지금 어떤 귀로에 들어선 걸까!
힘들어도 도태되어 주눅들지 말며
포기를 자초하지 말지어다.

그곳엔 항상 나를 깨워줄
친구들이 있으니

달리고 싶을 땐 달리고
쉬고 싶을 땐 쉬되
친구들을 잊지 말지어다.
친구들은 네 위에서
지켜보고 있나니

031

짜증날 땐

꽁해 있다고 의기소침하다고
뭐라고 하지 마세요.
짜증날 땐 말이죠.
가만히 내버려두는 게 도와주는 거예요.

말투가 불쾌하다고
성질부린다고 뭐라고 하지 마세요.
짜증날 땐 말이죠.
울화통이 밀려오거든요.

언제나 웃고 싶진 않아요.
저도 당신과 똑같은 사람이니깐
짜증날 땐
짜증내는 게 맞는 거니깐요.

032

늘 웃는 당신

보이지 않는 벽 너머로
늘 웃는 당신이 보여요.

거의 매일 그랬듯이
얘기를 할 때면 제 얼굴도
같이 웃고 있거든요.

웃는 얼굴을 마주하면 덩달아
웃는 나를 보고 있노라면
뿌듯한 거 있죠.

늘 웃는 당신이 있기에
오늘도 내일도 웃을 수 있어 좋아요.

좋아하는 만큼 아니 당신이
늘 웃는 만큼 같이 웃을게요.

늘 웃는 당신을 위하여

033

오해

오해는 오해를 가져온다.

나는 나를 오해하여
그녀로 하여금
아픔을 훔치고

나는 너를 오해하여
그녀로 하여금
눈물을 삼킨다.

너는 너를 오해하여
그로 하여금
아픔을 적시고

너는 나를 오해하여
그로 하여금
눈물을 머금는다.

오해만큼 우스운 것 없고
오해만큼 서글픈 것 없다.

034

퍼즐 사랑

사랑은 조각난 하트가
이루어낸 완전체

서로가 부족한 것을 채워주고
그렇게 끈끈한 정에 끌리어
조각난 하트의 틈새를 메꿔주네요.

사랑은 혼자선 절대 이뤄질 수
없을뿐더러 혼자 할 수 없어요.

그대와의 사랑을 기린다면
하나씩 사랑을 그리며 맞추어 가세요.

그 마음이 와 닿으면
사랑은 어느새 당신 앞에
와 닿아있을 거니깐요.

035

아직, 사랑하기에는

미처 몰랐었습니다.
아직, 사랑하기에는

그녀가 좋아서 줄곧
기다리던 그 마음

그녀에게 건네는 달콤했던 속삭임
그녀에게 사랑을 고백하고
성원을 거머쥔 꿈같은 현실

미처 몰랐었습니다.
아직, 사랑하기에는

꿈이 내게서 떠나가듯
한없이 멀어져만 가는 그녀

사랑을 이루었는데 행복은커녕
슬픔만이 빈자리를 메우고

이 사랑이 집착이었음을

알기까진 그녀를 너무나도
아프게 했네요.

아직, 사랑하기에는
미처 몰랐었습니다.

내가 그녀를 택했고 그녀도 나를 택했듯
서로 사랑하기에 이 만남이 이루어졌다는 걸
그렇게 사랑은 싹틔워져 간다는 걸 말이에요.

036

우여곡절 끝에서

사랑하는 사람 앞에서
잘 보이려고 했던
모난 짓들이 부끄럽습니다.

비싸 보이는 귀중품들
그치만 찡그리기만 하던 그녀

비싸 보이는 음식들
그치만 조심스러워하던 그녀

이런 그녀를 움직인 건
가진 것도 보잘 것도 없지만
눈에 보이지 않는 그 무언가를
갈망했던 겁니다.

웃을 때 같이 웃고
슬플 때 같이 슬픈 그 마음

그 마음속에 보이지 않던
참사랑을 알고 난 뒤 그녀의
사랑을 아낌없이 받았던
그런 우여곡절 끝에서…

037

글로 못다 채운 마음

쓱쓱싹싹 쓰고 지우길 여러 번
"당신을" 이라는 글만이 덩그러니

찍찍찍찍 찢고 또 찢길 여러 번
늘어만 가는 애타는 마음

찢고 쓰길 여러 번
그렇게 밤은 깊어만 가고
지쳐 잠이 듭니다.

꿈속은 압니다.
사랑한다는 말을 쓰는 것조차도
못 적을 만큼 당신을 사랑한다는 것을

038

인생

무엇을 위해 인생을 논하며
무엇을 인해 인생을 발돋움하겠는가!

살아생전 허송세월에
한탄하기를 그렇게 목놓아 울었다.

우는 것도 이젠 지치지 아니하겠는가!

인생을 짊어지고 갈수록
발걸음이 무겁고 늘어나는 좌절을
그렇게 주저앉곤 하였다.

주저앉는 것도 이젠 지치지 아니하겠는가!

짧다고 생각하면 짧고
길다고 생각하면 긴
한 번의 인생을 즐기기를 원한다.

즐기는 것이야말로 우리가
인생을 위해 남긴 이름과
우리가 인생을 인해 겪어왔던

시절을 기리지 아니하겠는가!

우린 처음부터 가진 것 없었고
마지막까지도 가진 것 없이 가야만 한다.

인생을 즐길 줄 안다면 그렇지 아니하겠는가!

039

내 생에 아름다움을 기리며

첫 생애 발 디뎌
한없이 울려 퍼져 아름다웁고

넘어져도 다시금
굳세어 이루고자 아름다웁고

꿈이 있어 펼치니
세상만사 그리고자 아름다웁고

사랑하는 님이야
천년만년 살리고자 아름다웁고

가련한 남은 생에
글로써 사진으로 아름다움을 기리고저

040

비 올 때만은

지금 막 오기 시작한 비에 젖어든
아련한 상처
몸이 괜스레 추워 옵니다.

비 올 때만은 왜 그리 아픈 곳이 많은지 원

빗소리에 묻혀 외로운 정적만이
덩그러니
눈물이 괜스레 젖어 듭니다.

비 올 때만은 왜 그리 눈물이 많은지 원

비 갠 날 어느 누군가가
이 같은 사실을 안다면 찾아주었으면 합니다.

비 올 때만은 한없이 여리고
슬픈 나이니까요!

041

동료

세상의 중심에선 귀로에
혼자서는 벅차다는 걸 알게 되고
함께 의기 다짐을 하게 된 동료

하나의 보는 관점을 빼면
모든 게 별개인 이들이 이뤄낸 꿈같은 현실

때론 분에 못 이겨 흔들리는 걸
잡아주는 동료
때론 자책감에 시달려 주눅이 든 걸
일으켜 세워주는 동료

서로를 알기에는 터무니없이 부족하지만
조금씩 열어가는 마음 안에
동료애가 싹트고 흘러간
세월 속에 맺어진 믿음 속 소망

처음과 끝이 같기에 같은 곳을 바라보며
같은 곳을 향하는 동료와 꿈같은 모험을 하고 싶어라.

043

두서없는 사랑

당신을 사랑하나 봅니다.

밑도 끝도 잘난 거 하나 없지만
당신이 욕심나서 안절부절못하겠네요.

이유라면 그 욕심이 과하다는 것
그런 이유는 차라리 없으니만 못하네요.

사랑을 하기에 행복에 겨울 줄 알고,
슬픔에 여울 줄 아나 봅니다.

행복과 슬픔이 가져다준 사랑은
이유를 들기엔 애석하게도 못내 부족하네요.

정처 없이 떠다니는 구름처럼
사랑도 이유 없이 떠다녔으면 하네요.

당신이 있어 행복에 눈물겨울 줄 알고
슬픔에 눈물 흘릴 줄 알기에
두서없는 사랑을 읊을 수 있나 봅니다.

044

해 질 녘

이맘때쯤 하늘만큼도
아름다워지려나 봅니다.

짧은 순간이지만 부끄러워
홍조 띤 모습이 나 몰라라 하네요.

이맘때쯤 발걸음만큼도
가벼워지려나 봅니다.

몸은 비록 지쳐도 사랑하는
가족을 볼 수 있어 흥에 겹네요.

이맘때쯤 마음만큼도
여유로워지려나 봅니다.

등편에 졸인 마음도 어느새 사라져 가네요.
그렇게 하늘도 발걸음도 마음도
해 질 녘 이맘때쯤에는
찌든 세상의 공허함을 흘리고 싶어라.

044

베개

현실에 사무쳐 힘들 땐
베개맡에 기대고 싶네요.

꿈같은 달콤함이
그대로 전해져 날 녹여주거든요.

현실에 사무쳐 울고플 땐
베개맡에 묻고 싶네요.

엄마 품같이 따스함이
그대로 전해져 날 안아주거든요.

언제부턴가 베개가 유일한
안식처가 되어가길
또 그렇게 하루가 지나가네요.

045

혼저옵서예

출세 위해 떠나보낸
님의 뒷모습이 아득해
그 빈자리가 쓸쓸하니 혼저옵서예!

이따금씩 한 수, 두 수 놓았던
자수에 느껴지는 세월의 무성함이
고독하니 혼저옵서예!

혼자 있을 만큼 나 그댈 모르고
그대 나 모를 만큼 멀어졌기에
혼저옵서예!

쓸쓸해 잠 못 이루지 않고
고독해 술 한잔 기울이지 않는
함께 했던 그 시절 혼저옵서예!

관심

홀로 있을 때 관심을 주세요.

드넓기만 했던 뒷모습이
작아 보이지 않던가요.

웃음꽃이 가득했던 얼굴이
시들어 있지 않던가요.

관심 속에 스며들어 쓸쓸함이
묻히도록 당신이 손잡아주세요.

힘들어 있을 때 관심을 주세요.

늠름했던 양어깨가 축 처져
보이지 않던가요.

씩씩했던 발걸음이
약해져 있지 않던가요.

관심 속에 스며들어 고달픔이 녹도록
당신이 손잡아주세요.

관심이 사랑을 낳고 또 낳을 때까지요.

047

때론 그녀 앞에서

무뚝뚝하고 멋없는 녀석
때론 그러하지 않은 녀석이길
그녀 앞에서

어리바리하고 센스 없는 녀석
때론 그러하지 않은 녀석이길
그녀 앞에서

흐리멍텅하고 무드 없는 녀석
때론 그러하지 않은 녀석이길
그녀 앞에서

때론 내가 아닌 내가 되어보고
그녀 앞에서는 사랑에 도취되길
바로 지금 후회 없는 찰나에

048

산들바람

현실로 하여금
훌훌 떨쳐버리고 싶을 때
찾아드는 산들바람

무엇을 위해 사는지
후회 없이 사는지
돌이켜 살랑이며 불어오네.

그즈음 산들바람만이
날 흔들 뿐이란 걸 뇌리 스치네.

답답함을 시원함으로 덜어주고
불편함을 편안함으로 덜어주는
산들바람을 언제곤 다시 찾겠지

산들바람이 부는 곳에서…

049

그녀 생각에

그녀와의 약속에 두근거리는 설렘
잠자기 전 그녀 생각에 빠져듭니다.

어떤 이쁜 모습을 하고 올까!
한 번 생각하고

어떤 맛있는 것을 사줄까!
두 번 생각하고

어떤 이야기를 해서 재미있게 해줄까!
세 번 생각하고

어떻게 하면 즐거운 하루가 될까!
네 번 생각에 눈이 잠깁니다.

그녀 생각에 달콤한 잠을 이루기까지
생각하고 또 생각해서 네 번이란 걸 그녀는 알까요!

050

슬픔

행복의 반쪽!
내 안에 있어서 고이 접어둔 쪽지

풀어버리면 시원할 것을 숨기려는 안일한 마음에
한 층, 두 층 그 슬픔은 배가 되어 돌아오고
마지못해 눈물을 적시네.

슬퍼지기 전 행복해지기를 바라고 했건만
뜻대로 되지 않는 순간조차도 다가오는 슬픔

행복해 다가오는 기억보다 슬픔으로 뒤덮인
기억들이 오래간다는 여운만이 슬픔을 가려주네.

051

행복

슬픔의 반쪽!
내게 있어서 마음껏 누릴 수 있는 에너지

항상 웃고 즐길 수 있기를 다짐하고
혼자가 아닌 행복을 누군가와 함께한다는
벅차오름에 마음을 적시네.

행복하기 전 분명 행복 바이러스에 걸려
슬픔조차도 잊어버릴 만큼의 행복

예전에는 왜 몰랐을까!
한 번의 생각이 행복을 가져다주고
행복을 받은 당신이 다시 행복을 줘 되풀이된다
는 걸

그렇게 행복은 하트가 되어 심장을 스며오네.

052

당신을 위해

하루가 푸념 없이
더디게 가길 한두 차례

걷는 것도 먹는 것도 사는 것도
참 유별나길
때 아닌 당신이 힘이 됩니다.

당신만 생각하면
그냥 걷는 것도
좀 더 씩씩하게!

당신만 생각하면
그냥 먹는 것도
좀 더 맛있게!

당신만 생각하면
그냥 사는 것도
좀 더 즐겁게

가까이 있을 땐 몰랐을 당신
당신이 좋아지고 좀 더 좋아지게
나 그렇게 변해가렵니다.

053

으뜸의 지혜

행색이 남루할지라도
어디까지나 겉치레일 뿐
속을 가늠하매
어르고 달랠 수 있는 지혜이기를

실패는 과정일 뿐
선을 가늠하매
살피고 이룰 수 있는 지혜이기를

주어진 건 속물 없는 것일 뿐
실을 가늠하매
옳고 그름을 알 수 있는 지혜이기를

으뜸을 위해서는 안주하지 말며
지혜롭기 위해서는 올바른 생각을 가지기를

054

웃는다는 건

세월이 무미건조해진다는 건
나로 하여금 웃음을 빼앗네.

가진 것 없어도 어느 누구보다도
웃는 거 하나는 자신 있었을 텐데…

다시금 웃을 수 있을까
생각에 서너 개월

희망은 어느 누군가로부터
겨울에 찾아오네.

매 하루하루 기운 내라며
힐끗 웃어보이는 당신

집 떠나 고생은 사서 하는 게 아니라
웃음을 찾기 위해 지금 나 여기 있네.

웃을 동안은 행복에 겨우니깐

055

그때 그 시절 1

애들 모이면
왁자지껄 떠나가는 동네

가위바위보,
떠나가는 함성에 흩어지는 애들

그 틈 사이 시무룩해 보이는
한 애가 바로 술래

입이 삐죽 나오곤
애들을 찾아 나서던 모습이
그리울 만큼 애틋한 그때 그 시절

056

그때 그 시절 2

옛날은 옛날인데 먼 옛날도 아니어라.
소박했던 그 시절

오줌 누는 꿈꾸면 쥐도 새도 모르게
누렇게 떠 있는 이불

숨기려고 애를 썼지만
결국 떨어지는 불호령

이른 아침 어머니의 호된 소리
외할머니의 웃음 소리

바가지를 들고 소금 얻으러
이웃집을 기웃기웃

망신살 뻗쳐 고친 오줌 싸는 버릇
그리울 만큼 애틋한 그때 그 시절

057

사랑은 아픈 걸

사랑 앞에서 강해진다고 해서
강해질 수 없는 걸

상처 없이 다가가기에는 너무 벅찬 걸

혼자 할 수 있는 게 아니어서
그런가 매번 속상한 걸

힘들다는 건 참을 수 있지만
사랑한다는 건 참을 수 없는 걸

사랑을 못 한다는 건
숨이 멎는 거 같은 걸

사랑이 아프다는 걸 알기에
사랑을 하지 않는다는 걸

058

사랑은 달콤한 걸

사랑 곁에선 언제나 달콤한
향기가 나는 걸

맡을 수 있는 것이 아닌
눈으로 느껴지는 향기란 걸

둘이여서 그런가 더욱더 진한 걸

연거푸 되풀이하면 지겹지만
사랑은 할수록 매료되는 걸

사랑을 한다는 건
행복에 정점이 아닐까란 걸

사랑이 달콤하다는 걸 알기에
사랑한다는 걸

059

뜬금없이 용기 있는 사랑

뜬금없이 시작된 사랑

사랑이란 뭘까요?
사랑은 누구랑 하는 게 좋을까요?
사랑은 어떻게 하는 걸까요?

용기 있게 시작된 사랑

좋아합니다.
당신을요.
사귀어 주세요.

뜬금없이 사랑을 읊조리니
마음이 설레이고
용기 있게 사랑을 청해
그 또한 설레누나.

060

자연의 멋쩍음

아무렇게나 생겨 먹은 자연

사람들 손에 어루만져져
이쁜 조각들로 쪼개어져 가네요.

새로운 조각 속에 심심찮게 즐거움을
얻곤 자연은 그렇게 멋쩍어 가네요.

예쁘게나 생겨 먹은 자연

사람들 손에 어루만져져
때 묻어가네요.

다듬고 가꾸어도 잊혀가곤
자연은 그렇게 멋쩍어 가네요.

멋쩍은 자연 속에 살던 우리가
멋쩍은 자연 곁에 살아가네요.

061

은근한 매력

성에 차지 않지만
나름 매력적이네요.

아니 보면 볼수록 빠져드네요.

열이 있나 이마를 짚어도 보고
몸에 이상이 있나 심장 언저리에
손도 대어보네요.

멀쩡한 거 같은데
딴생각에 가끔 빠지곤 하네요.

귀신에게 홀린 건가
아름다움에 도취된 건가

딱히 견주어 말할 순 없지만
생각하면 할수록 마냥 좋네요.

062

상처 1

다치는 순간은 눈 깜박할 찰나
눈물이 찡긋하네요.

소중한 자신에게 미안함을
스스로가 알거든요.

외마디 비명에 아픔을 느낄 찰나
상처라는 멍울을 갖네요.

스스로를 돌아보고
다시금 못생긴 자국은 남기지 말라고요.

상처가 준 아픔은
어느덧 스스로 하여금 소중함을 주네요.

063

상처 2

한 움큼 새 살이 돋아날 무렵
잊을 수 없었던 참상이
상처에 스미어집니다.

비가 수수히 내릴 때면 상처가
돋아 날 괴롭힙니다.

낯가림이 심해 낮보다도
밤이 엄습합니다.

그렇게 난
상처의 아픔을 잊을세라
술 한잔의 여운을 즐겨봅니다.

064

말과 행동

말로써 사랑을 끄집어낼 수 있어야 합니다.
사랑을 말할 수 있다는 건
사랑을 많이 보았다는 것
사랑으로 충만해 있다는 것
이것이 사랑의 시작입니다.

행동으로써 사랑을 움직일 수 있어야 합니다.
사랑을 행동할 수 있다는 건
사랑에 눈을 뜨기 시작했다는 것
사랑에 향기를 느낄 수 있다는 것
이것이 사랑의 과정입니다.

이렇게 말로써 행동으로써
얽히고설켜 사랑의 결실을 맺는 겁니다.

※ 말로써 행동을 부릴 수 있다는 건 앎이니, 경거망동하지 말지어다.
행동으로써 말을 부릴 수 있다는 건 행이니, 허투로 생각지 말지어다.

065

딴지

어릴 적부터 사사건건
걸어오던 딴지

피하려 요리저리
숨어봐도 금새 들켜 버리네.

해가 거듭될수록
계속 걸어오던 딴지

조심스레 발악을 해보니
이게 웬일 먹히네.

도로 앙갚음해주려고
걸었던 딴지

시시해서 금방 재미가 없네

세월에 장사 없음을
괜스레 딴지가 그립네.

066

뚱딴지

엉뚱한 너로 인해
나 즐거운 거 아니?

풋풋한 너의 재간에 말이지.

엉뚱한 너로 인해
나 골치 아픈 거 아니?

뒷감당하기 힘들단 말이지.

엉뚱한 너로 인해
나도 엉뚱해진 거 아니?

너 닮아간단 말이지.

엉뚱한 너로 인해
나 널 좋아하게 된 걸 아니?

그걸 안다면 좋아한다고 말해 달란 말이지.

엉뚱하니깐 이런 뚱딴지
같은 소리도 나오나 싶구나.

067

푸념

마음속에 갇혀 있던
답답한 속내들

핀잔을 주기엔 미안하길
뒤돌아서나마 궁시렁궁시렁

마음이 여려서 늘어놓은
불평도 가지가지

작으나마 되돌릴 수 있는
순간들이 스쳐 지나곤
잊혀가는 불평

긴긴 하루 동안에
불평이 마음을 열어 젖어 드네.

068

내 아기

세상의 모든 아기 중에
유독 내 아기가 좋습니다.

피붙이니깐 얼굴 생김새와
행동하는 게 닮았거든요.

세상의 모든 아기 중에
유독 내 아기가 좋습니다.

여러 목소리 중에 내 목소리를
알고서 다가오거든요.

세상의 모든 아기 중에
유독 내 아기가 좋습니다.

울고 보챌 때 내 품에 안기면
금세 그치거든요.

아기가 주는 행복
엄마인 나이기에 느낄 수 있습니다.

069

충전

갈수록 잦아지는 충전

나태한 것이라 함은
덜 섭섭할 건데
온데간데없이 축 처지네.

무얼 위해 지금껏 부단히
움직였나 줄곧 신음해 본다.

충전하는 동안
눈 감는 게 아니라
감춰진 나를 깨워 본다.

충전이 되면 바로 박차고
나갈 수 있게 말이다.

※ 인생을 향해 달려가면 늙을 뿐 인생을 뛰어넘어 도약하라.

070

장밋빛 인생

그대 파란만장한 생을 안고
떠나려 합니다.

겉으론 그 누구보다 해맑은
웃음을 선사해준 그대

웃던 모습도 잠시
그대 쉴 곳에 뉘고자 합니다.

속으론 그 누구보다도
아름다운 울음을 선사해 준 그대

울던 모습도 잠시
그대 쉴 곳에 뉘고자 합니다.

그대 있는 저세상 장밋빛 인생이었고
그대 없는 이 세상 장밋빛 물결이었네.

071

가질 수 있다가도 없다가도

가질 수 있는 건 행복
가질 수 없는 건 불행
한 가지만 하기엔
무색하기 짝이 없네요.

가진다는 것은 필요하기에
이걸 가지면 행복하기에

못 가진다는 것은 필요 없기에
이걸 가지면 불행하기에

가지고 못 가지는 것은
행복하다가도 불행한 것

가질 수 있다가도 없고
가질 수 없다가도 있는
딜레마를 가져보네요.

072

어쩌다가

아무런 소리 없이
나지막한 울림에 귀 기울인다.

어쩌다가 여기까지 흘러 서성이는가!
어쩌다가 여기까지 흘러 두리번대는가!

다시 돌아갈 수 없는가!
지금 이대로는 아무것도 안 되고
후회막심한 걸

지쳐 스르륵 잠이 들어보니
낯설던 모습들이 보인다.

어쩌다가 여기까지 흘러 동요하는가!
어쩌다가 여기까지 흘러 망설이는가!

꿈속을 헤매고 있는 널 보니
어쩌다가 했던 말이 생각나네.

어쩌다가 여기 왔지만
그건 어쩔 수 없는 네 운명이다.

073

바다

나는 맡았네.
소금기 가득 깊고 진한 파란
바다를 맡았네.

나는 보았네.
물고기 가득 머금은 투명한
바다를 보았네.

나는 먹었네.
소금기 가득 물고기 사는
바다를 먹었네.

나는 느꼈네.
다시 와도 후회 없을
바다를 느꼈네.

074

뜨락

뜨락에 심어놓은
꿈과 희망 그리고 사랑

꿈을 기리고자 나
묘목을 심어 뜨락을 풋풋하게 채웠고

희망을 기리고자 나
꽃을 심어 뜨락을 화사하게 채웠고

사랑을 기리고자 나
마음을 심어 뜨락을 따뜻하게 채웠고

그렇게 뜨락은
사진 속 주인공이 되어
물씬 향기를 흘리네.

075

피곤

몸이 지쳐 피곤할 땐
따뜻한 물에 몸을 담가
니나노!

마음이 지쳐 피곤할 땐
음악에 몸을 실어
닐리리!

몸이 고달파 피곤할 땐
맛난 음식 먹고
니나노!

마음이 고달파 피곤할 땐
코믹 방송으로 웃음 털어
닐리리!

니나노 장단에 피곤이 녹아들고
닐리리 흥에 피곤이 씻기누나.

076

젊음

어느 누구에게나 주어지는 푸르름

시련의 단계요.
청춘의 덫이니

아픔을 견뎌낼수록 강해지고
슬픔을 견뎌낼수록 성숙해지는 마음

흠이라면 준비 없는 시작이요.
실패는 성공의 어머니이니

실패를 거듭할수록 두려워 않고
성공을 거듭할수록 도전하는 마음

살 수도 바꿀 수도 없는
단 한 번의 젊음이
당신의 인생을 말해준다는 걸 아시나요!

077

가족

하늘 아래 햇볕보다도 따뜻합니다.

미워도 정이니 서로 보듬어주고
고와도 정이니 서로 다독여주고

하늘 아래 산보다도 끄떡없습니다.

아파도 내 것인 양 훔쳐주고
슬퍼도 내 것인 양 감싸주고

하늘 아래 바다보다도 넓습니다.

아빠의 자상한 마음
엄마의 푸근한 마음

하늘 아래 가족을 보았고
한 지붕 아래 가족을 느껴봅니다.

가족이 있기에 내가 있는 거니깐요.

078

당신을 사랑하기에

당신을 사랑하기에 다가가렵니다.

당신이 웃으면 덩달아 웃을 거고
당신이 울으면 눈물을 닦아줄 거고
당신이 찾으면 단번에 달려갈 거고
그렇게 당신이 생각나면 다가가렵니다.

당신을 사랑하기에 떠나렵니다.

당신이 웃어도 계면쩍어할 거고
당신이 울어도 슬며시 외면할 거고
당신이 찾아도 못 들은 척할 거고
그렇게 당신이 생각나도 떠나렵니다.

당신을 사랑하기에 다가가는 것도
떠나는 것도 내겐 더없는 행복입니다.

079

죽겠다

세상에서 죽는다는 건 슬픈 일이지만 또 다른 의미에서는
내가 지금 가장 행복한 순간일지도 모른다.
그 하나가 맛있어 죽겠다.
그 둘이 웃겨 죽겠다.
그 셋이 보고 싶어 죽겠다.
고로, 난 죽을 때까지 즐겨보련다.
인생을 말이다.

죽겠다.
너무너무 행복해서

죽겠다.
너무너무 맛있어서

죽겠다.
너무너무 보고 싶어서

죽겠다.
너무너무 사랑해서
죽을 만큼 너무나 너무나
해보고 싶었던 것들

080

오색 빛깔

사계절 중 오색 빛깔이
가득한 가을

한 폭의 수를 놓듯
살며시 젖어든다.

드넓고 푸르른 하늘
알록달록 울긋불긋 단풍
먹이를 찾아 훨훨 날아드는 백로
쌀쌀하지만 푸근한 밤

젖어든 가을 기웃기웃
넘어갈 제 너울 치던 오색 빛깔

그날이 오길 소망합니다.

081

일상을 떠나

일상의 잔가지들은
하나둘씩 옥죄어 왔다.

내 눈을 흐리게 하고
내 몸을 둔하게 하고
내 정신을 흩트리게 하였다.

살아 숨 쉬고 있다는 걸
느껴본 게 까마득

일주일에 단 한번
일상을 벗어나 보았다.

산을 향해 내가 왔노라 외쳤고
기꺼이 그 품 안에 감싸주었다.

어느새
흐린 눈과 더불어 귀가 밝아지고
둔한 몸과 더불어 마음이 열리고
흐트러진 정신과 더불어 숨소리가 맑아졌다.

산이 내게 준
소중함을 잊지 않으려
오늘도 일상을 벗어나 보련다.

벗이여! 잘 있느냐!

082

내 쉴 곳

달려갈수록 그 끝을
알 수 없는 그곳.

뭉게뭉게 구름들이 모여
그늘이 되어주는 곳.

웃음 가득 기쁨 가득한
소리가 들리는 곳.

바라볼수록 눈을
뗄 수 없는 그곳.

촉촉하게 마음을 적셔
편안하게 해주는 곳.

언제나 찾아갈 수 있게
활짝 열려 있는 곳.

모든 꿈과 희망 그리고 사랑이
넘치는 곳이 내 쉴 곳이었으면...

083

누군가

믿을 수 없지만
누군가로 인해 변해버린 나

황소 같은 고집도
수줍어했고

무뚝뚝한 표정도 수줍어하곤
누군가의 포로가 되었네.

알 수 없는 내 자신만큼이나
한 길 속을 알 수 없는
누군가를 바라본다는 게

잘하고 있는 건가
잘못하고 있는 건가

누군가와 걷고 싶은 그 길
누군가와 먹고 싶은 그것
누군가와 보고 싶은 그곳

꼭 해보고 싶은 세 가지를
누군가와 함께하는 순간

나의 잘잘못을 가리지 않을까 합니다.

084

그 곳

희뿌연 안개 속에 두 눈을 가리지만
희미한 잔상들이 비치네요.

매일을 거스름 없이
바라보았던 그곳이기에

지쳐 힘들고 울적할 땐
항상 보곤 하지요.

내 마음의 활력소이고
세상의 에누리 없는 진풍경이기에

그곳은 이제 둘도 없는
보물이 되어 버렸네요.

내 마음의 소중함을 간직하기에

085

악동

인생 중 짧디짧은
비무장지대
거칠게 없었던 그 시절
오히려 살이 되고

소신 있었던 그 시절
오히려 득이 되고

나름 삐뚤어 보여도 그 시절
아님 하지 못하는 걸 알기에

그런 추억을 곱씹어보며
왠지 모를 기대에 흥미로워지는
그 박동감 넘치는 힘을 가진 이들을

우리는 악동이라 부른다.

086

좋은 사람

세상에 때 묻지 않고
풋풋해 보이는 그런 사람

작은 것이라도 나눠주는 씀씀이가
따뜻해 보이는 그런 사람

웃음이 절로 나오고
너그러워 보이는 그런 사람

왼손이 하는 일을 오른손이 모르게
도와주고 부끄러워 멀리서
지켜봐 주는 그런 사람

아플 때 꼬옥 안아주고
등 언저리를 따뜻한 손길로
토닥여주는 그런 사람

일생동안 행복해질 수 있다면
그건 좋은 사람을 만나는 겁니다.

자신부터 곧은 마음가짐으로

세 번 먼저 웃어주고
세 번 먼저 참으면

좋은 사람이 될 거 같다는
제 작은 소견입니다.

087

외로워

계속되는 갈증에
깊어가는 밤

외롭기 짝이 없는
쓸쓸한 현실

어릴 땐 그저 친구가 좋았고
이제는 사랑이 좋아진다.

좋은 건 어쩔 수가 없다.

속도 모르고 맘도 모르고
커져만 가는 사랑
그만큼 외로움도 짙어져만 간다.
아픔은 견딜 수라도 있거늘
외로움은 그닥 약이 없다.

곱씹어 기다리고
껴입어 외로움을 달래고
인연의 외로움을 쫓아간다.

뒤로는 길이 있지만
외로운 건 어쩔 도리가 없고
앞으로는 순탄치 않지만
외로움을 벗어날 수 있을 것
같은 느낌을 살리고자
오늘도 홀로 길을 걷는다.

088

황혼

황혼이 질 때면
일사불란해진다.

어둠에 질세라 불을 밝히고
어둠에 질세라 숨어들기 바쁘니깐

황혼이 질 때면
정이 돈독해진다.

모여든 가족의 따뜻함
친구들과 추억을 되삼키며
기울이는 술 한잔

황혼이 걷힐 때면
일사불란해진다.

어둠이 걷힐 세라 불을 끄고
어둠이 걷힐 세라 튀어나오기 바쁘니깐

황혼이 걷힐 때면
정이 돈독해진다.

아낌없이 사랑을 주는
어머니의 배웅

인연을 즐길 수 있는
세상으로의 도약

황혼은 질세라 걷힐 세라
하염없이 물들어 간다.

089

영원히

나 그녀에게 영원히
보여주고 싶어요.

내 마음 안에는
그녀 생각뿐이란 걸

나 그녀에게 영원히
말해주고 싶어요.

그녀 생각 덕분에
사랑이 내 마음 안에
커져간다는 걸

나 그녀에게 영원히
들려주고 싶어요.

영원할 수 없는 사랑을
영원히 간직하고 싶다고
오직 그녈 위해 말이죠.

090

로맨스

시시각각으로 변화되고
쉬운 것 같으면서도 어려운 사랑

속속들이 물들어간 사랑을
이제야 읊어보련다.

지금껏 사랑의 착오 속에 살았고
이제는 사랑의 고착 속에 산다.

진실토록 아름다운 사랑
아프도록 순진무구한 사랑
눈물겹도록 행복한 사랑

사랑이 시작되는 시점에
로맨스는 끝이 나고
사랑이 끝나는 시점에
로맨스는 시작된다.

그 누구도 앞과 뒤를 모르는 사랑

사랑에 취해 그 길고 긴 길을
이제야 행복하게 거닐어 보련다.

091

숨

어느덧 세상의 숨소리가
가쁘게 들려온다.

인정사정 볼 것 없이
때론 매몰차게

봄의 왈츠가 들리듯
때론 따뜻하게
비바람이 불어도 끄떡없이
때론 굳세게

알콩달콩 속삭이듯
때론 사랑스럽게

세상이 날 안고 있지만은 않게
지금부터라도 숨을 트고 싶다.

내 안의 숨은
그 어느 때보다 당차니깐

092

낙엽

시작은 거창할지라도
끝내는 말라 떨어지는 낙엽

안타까워서 그런지
가스미가 아프다.

저벅저벅 길을 걸을 때면
부서지는 낙엽

초라해서 그런지
가스미가 아프다.

봄 한때 싹이 텄고
여름 한때 푸르렀고
가을 한때 물들었을 낙엽

겨울 한때 넌지시 떨어져
다가온 낙엽 소리에 옛
회상을 품어본다.

093

데이트

좋은 사람을 만나도
마냥 기분이 좋을시고

더욱이 좋아하는 사람 만나니
뛸 듯이 기쁘네.
그녀 마음도 나만 같아라.

시험 칠 때 쿵쾅거리는
긴장된 심장 소리

그보다 그녀 볼 수 있다는
콩닥거리는 긴장된 심장 소리가
터질 듯하네.

그녀 마음도 나만 같아라.

세상 그 누가 아니 행복한가
그날이여! 어서 내게 오라!

094

술로 빚어진 사랑

사랑은 술렁였다.

취하면 취할수록
그 매력에 매료된다는 걸

그녀와 마주 앉아
한 잔 주고받거니
그렇게 사랑은 썼고

그녀와 마주 앉아
두 잔 주고받거니
그렇게 사랑은 달콤했다.

술의 본 맛도 아니요.
사랑의 본 맛도 아니니

술에 취해 사랑에 취해
황홀한 홀릭에 빠져버렸다.

095

별짓

그녀를 얻기까지
내가 해온 별짓

그게 감동이요.
본 게 눈물이니

감동 하나,
말짓 하나하나 챙겨 두었다가
그녀 기쁠 때 더없이 기쁘게 해주었고
그녀 슬플 때 웃으며 눈물 글썽일 때까지
말벗해주었네.

눈물 하나에 내 마음도 글썽였네.

감동 둘,
손짓 하나하나 아껴 두었다가
그녀 기쁠 때 마구 흔들어 기쁘게 해주었고
그녀 슬플 때 눈물 그칠 때까지
손벗해주었네.

눈물 둘에 내 마음도 그쳤네.

감동 셋,
몸짓 하나하나 숨겨 두었다가
그녀 기쁠 때 활짝 열어 기쁘게 해주었고
그녀 슬플 때 마음 편안해질 때까지
몸벗해주었네.

눈물 셋에 내 마음도 편안해졌네.

그녀가 흘린 눈물은 치료해줄 수 있어
별짓도 마다치 않을 자신이 있기에

096

별꼴

나는 몰랐네.
진심이 그토록 울부짖어
가슴이 찢어지도록 아픈지 말이다.

진심 어린 참견은 별꼴이었고
가식적인 참견은 사랑이었네.

갈수록 변화되어 사랑이
별꼴로 바뀌고 진정
난 울 수 없었다.
내 아픔보다도 당신의 아픔이
컸기에 더 이상 아프지 말라고

갈수록 곧게 되어 별꼴이
사랑으로 순화되고
진정 난 울었다.

내 진심보다도 당신의 진심이
더 후회막심하기에 슬퍼하지 말라고

모난 사랑은 행복한 사랑보다
더 큰 진심을 가진 걸 넌 왜 모르니!

별꼴이야 정말로!

097

잠시뿐이었지만

못다 한 사랑에게!

잠시뿐이었지만 사랑은 시작되었다.

진정으로 좋아해줄 수 있었는데
변해가는 내 모습에 뛸 듯이 기뻤는데
해보고 싶은 것 한 개도 못 했는데

잠시뿐이었지만 사랑은 끝이 났다.

마음을 알아주지 못해서 마음이 아팠고
눈물을 흘리게 해서 가슴이 아팠고
떠나보내야 하는 사랑에 아팠고

잠시뿐이었지만 사랑은 그렇게
왔다 갔나 봅니다.

잠시뿐이었지만 가슴이 뛰었고
숨죽일 틈도 없었으니…

098

인생의 종착역

인생의 끝자락에는
기적의 소리만 울려온다.
아무도 가보지 못한 그곳
다시 돌아올 수 있을까
망설이지 못한 채 말이다.

저 멀리 가느다란 빛이
쏘아질 때 비로소
우린 인생을 실감한다.

다시 돌아온 순간
기적을 울렸고 인생을 알렸다.

인생의 종착역은 어디까지나
거쳐 가야 할 끝자락인 것을

그곳에선 벌써 빛이 열리고
있다는 걸 왜 모를까 말이다.

※ 인생의 종착역은 다만 거쳐 가야 할 관문에 지나지 않는다.

099

걱정

그녀 볼 때마다
걱정이 이만저만 아닙니다.

밥을 먹을 때면
끼니는 잘 해결하는지

차를 탈 때면
편안하게 잘 다니는지

밤길 다닐 때면
무서워하지 않는지

내 마음 그녀는 알까요?

걱정한다는 게 사랑을 이르는
말일까… 갈수록 걱정입니다.

걱정 없이 사랑할 수는
없을까 하고 생각하고 또 생각합니다.

그녀가 내 마음 알 수 있게

100

내 마음속 시

그날을 시로 표현한다는 게 너무나 벅차오를 뿐입니다.

감정이 없는 이 글을 볼 때면 전 슬픔에 잠길 뿐입니다.

그녀 단 한 번뿐인 첫사랑이었고 그렇게 쓸쓸히 흩어져만 갑니다.

한 아름진
세 송이의 장미

노란 장미 하나
그녀가 날 좋아해준 것!

빨간 장미 하나
내가 그녀를 좋아한 것!

하얀 장미 하나
둘이 함께 좋아한 것!

세상에 단 하나뿐인 마음.

그 마음 하나만이 그녀 마음을 열 수 있는 길이 아니었나 봅니다.

그 속에 또 하나의 문이 있었다는 걸 진작 알아차리지 못했을까!

이제야 돌아본들 멀어져 버린 저 먼 기억들을 잡을 수 없거늘

그래서 이렇게 흐릿하게나마 적어봅니다.

어느 누군가가 저와 같은 사랑을 한다면 이 시를 읽고

조금이나마 행복해지리라 믿고

이 펜을 놓은 순간부터 눈물 삼킨 추억들을

술에 취해 산에 취해 잊어버릴 겁니다.

내 먼 사랑이여! 아주 멀리 가버려라.

그게 어느 곳이 되든 눈에 띄지 않는 그곳으로

내 마음속 시

초 판 발행 ____ 2009년 01월 15일
개정판 인쇄 ____ 2019년 01월 25일
개정판 발행 ____ 2019년 02월 02일

글쓴이 — 이상훈
펴낸이 — 장호병
펴낸곳 — 북랜드
06252 서울 강남구 역삼동 832-7 황화빌딩 1108호
대표전화 (02) 732-4574 | (053) 252-9114
팩시밀리 (02) 734-4574 | (053) 252-9334
책임**편집** 김인옥
교 열 배성숙 전은경

등록일 — 1999년 11월 11일
등록번호 – 제13-615호
홈페이지 – http : //www.bookland.co.kr
이-메일 – bookland@hanmail.net

■ 파본은 바꾸어 드립니다.
값 8,000 원

ISBN 978-89-7787-829-7 03810
ISBN 978-89-7787-830-3 05810(E-Book)